LES MASSACRES

A REIMS

EN 1792

A. BARBAT DE BIGNICOURT

LES MASSACRES

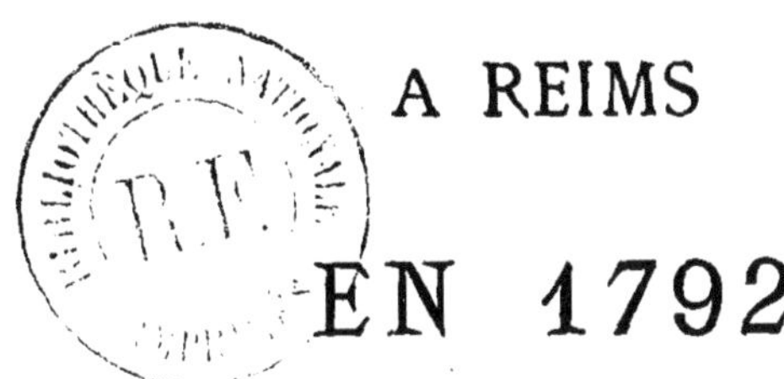

A REIMS

EN 1792

D'APRÈS DES DOCUMENTS AUTHENTIQUES

REIMS
CHEZ V. GEOFFROY ET Ce, IMPRIMEURS DE L'ACADÉMIE
24, RUE PLUCHE, 24

1872

AU LECTEUR

Ceci est de l'histoire.

On la dirait écrite d'hier, elle date de quatre-vingts ans.

Mais les tristes événements qui ont dernièrement désolé la France, ont une analogie telle avec les sanglants épisodes dont j'ai à parler, — épisodes qu'on essaierait en vain d'effacer de nos annales rémoises, — qu'un enseignement utile ressortira peut-être de l'exposition simple et succincte — scrupuleusement exacte aussi, puisqu'elle a été puisée à des documents authentiques — des faits qui se produisirent à Reims, pendant la Terreur, en 1792.

L'heure des méditations graves est venue. Que ceux qui pensent que les mêmes causes engendrent souvent les mêmes conséquences, ne perdent pas de vue, qu'en ce moment, la France traverse une phase presqu'aussi terrible, — plus terrible peut-être qu'en 1792, — et que les passions des hommes restant les mêmes, les forfaits, à un moment donné, peuvent aussi se renouveler.

Du 10me d'Août 1872.

L'AUTEUR.

On a dit souvent que les mesures prises à Paris pour assurer les massacres de septembre, avaient été également concertées en province, et que partout des ordres étaient donnés pour qu'aucune grande ville n'échappât à ce moyen d'intimidation, que les révolutionnaires de tous les temps tiennent toujours en réserve : l'effusion du sang.

Il est certain qu'à Reims, dès les derniers jours d'août, une grande agitation se manifestait dans les quartiers populeux, et surtout aux alentours du club des Jacobins. Un bataillon de fédérés, arrivant de Paris, le 1er septembre, mit le comble à l'animation et à la confusion que présentait déjà la ville. Ces fédérés, dont l'arrivée avait été signalée par les meneurs du temps, les Armonville, les Beaucourt, les Besançon, furent reçus avec une certaine ostentation. Les maisons où ils devaient loger avaient ordre d'illuminer, et leurs hôtes avaient été requis de venir les chercher à l'Hôtel-de-Ville, où l'on distribuait les billets de logement.

La journée du 1er septembre fut signalée par de nombreuses allées et venues. Des figures sinistres apparaissaient à l'entrée de la salle des délibérations du conseil de la Commune. Certains mots d'ordre étaient donnés à demi-voix, des regards significatifs étaient échangés.

Les élections des députés à la Convention devaient avoir lieu le lendemain, à la Cathédrale, convertie en dépôt de fourrages par un arrêté du citoyen Bô, représentant en tournée, en date du 21 brumaire an II. Les nombreux délégués du département étaient là. Il s'agissait, pour les terroristes de Reims, de les intimider, et surtout d'obtenir d'eux la nomination d'Armonville, ouvrier fileur dont le nom est devenu tristement célèbre, et qu'on voulait donner pour suppléant à Prieur (de la Marne).

Cet Armonville avait pour soutien et aussi pour rival, dans la faveur populaire, un misérable du nom de Renacle-Laurent, dit Château, dont le rôle consistait à exciter le peuple contre les aristocrates, à parler sans cesse dans les clubs et ailleurs de faire tomber des têtes, et qui passait pour être l'un des agents les plus actifs et aussi les plus ardents des fédérés, à Reims.

A côté de ces deux hommes qui, dans des milieux différents, exerçaient en ville une influence terrible, se faisait aussi remarquer Couplet, dit Beaucourt, dont la participation aux massacres de Reims ne sera que trop facilement établie et qui, bien qu'étranger à la ville, s'était fait nommer procureur de la Commune, et avait su prendre sur les membres de la municipalité un ascendant fatal. Il excerçait sur l'esprit de ces hommes, dont quelques-uns étaient honorables, une espèce de terreur.

On a voulu, dans la suite, essayer de réhabiliter Beaucourt, en soutenant que, loin d'avoir été l'instigateur des massacres, il avait, au contraire, essayé d'arrêter l'effusion du sang. Lui-même a publié une sorte de justification qui se trouve à la bibliothèque de la ville de Reims, et que nous avons dû compulser avec soin. Sa mémoire n'en doit pas moins rester flétrie. Les raisons qu'il donne tombent devant l'évidence des faits. L'opinion du temps l'a condamné, à défaut du jury criminel devant lequel il ne fut pas cité plus tard, pour des raisons qu'il serait trop long d'expliquer, mais dont la principale est qu'avec lui il eût fallu sans doute amener trop de monde à la barre de la justice ! Cette dernière, à peine restaurée en France, n'était peut-être pas encore assez libre pour poursuivre tous les coupables, encore moins tous les complices, des affreux événements que la France venait de subir !

Ce fut Beaucourt qui fit arrêter l'infortuné M. Guérin et le malheureux Carton, facteur de la poste. Ce fut lui qui, malgré d'énergiques protestations émanées d'officiers municipaux, consentit à l'arrestation de M. de Montrosier et l'alla chercher lui-même, dans sa maison, sous prétexte de le protéger contre la fureur de la populace, mais en réalité pour le lui livrer. Ce fut lui qui, interrogé par la foule haletante qui encombrait la place, lui répondit du haut des marches de l'Hôtel-de-Ville : « Mes amis, vous voulez du sang, vous en aurez !... »

Mais n'anticipons pas sur les événements. Il vont, hélas ! se dérouler bien assez tristement d'eux-mêmes.

La municipalité avait été démembrée. De sa propre autorité, Bô, le représentant en tournée qui avait enlevé la cathédrale au culte, avait remplacé certains membres tièdes et incolores par des hommes violents, comme les Besançon et autres. Il dominait cinq ou six trembleurs dont les noms seraient ici sans signification. Seuls, quelques citoyens honorables, comme MM. Tronsson, Gervais, Andrieux, Assy, Boisseau, etc., savaient au besoin résister au tribun et le forçaient à compter avec eux.

Beaucourt et les fédérés ne comprenaient que trop qu'il fallait trouver un prétexte aux arrestations et aux massacres. Ce prétexte, ils le cherchaient : le hasard le leur fournit.

Les armes de la famille de Brulard décoraient la porte principale de l'Hôpital général, rappelant les bienfaits de cette famille.

Une troupe de forcenés, guidés par des meneurs, arrachaient et brisaient cet écusson, lorsqu'un jeune homme du nom de Carton, simple facteur à la poste aux lettres, ne craignit pas de leur faire des représentations :

« Vous vous en prenez aux pierres... » leur dit-il.

Des cris, des huées, répondent à ce blâme courageux, et des menaces de mort se font aussitôt entendre :

« A la lanterne !... » crient les plus animés.

Un des membres de la municipalité, Besançon, qui se trouve là par hasard, a-t-on dit, le fait arrêter, et s'écrie « qu'on ne s'y prend pas bien à Reims, pour découvrir les aristocrates ; que l'on n'y entend rien ; que cela va mieux à Paris ; que là, dès que quelqu'un indiquait un aristocrate, on le fusillait, et que dès qu'on disait qu'il y en avait un dans une maison, on y courait, on allait l'y chercher, etc. [1] »

Ce Besançon-Guillaume, teinturier de son état, avait précédemment accusé Carton, qu'il connaissait parfaitement, de s'entendre avec

[1] Extrait textuel des considérants du jugement du jury criminel de la Marne, du 26 thermidor, an III, dont il sera parlé plus loin.

M. Guérin, directeur de la poste, pour ne pas distribuer les correspondances et les journaux parisiens.

La foule, satisfaite de l'arrestation de Carton, se sépare, mais se porte le lendemain, 3 septembre, chez M. Guérin, dont la maison, située rue Salin, au coin de la place de Ville, se trouve protégée par une sentinelle qu'y a fait placer la municipalité [1]. Une légère fumée s'échappe d'une cheminée. Nul doute que le directeur de la poste ne brûle des papiers compromettants. Cette opinion absurde se répand avec la rapidité de l'éclair. On parle de fouiller la maison en faisant au besoin violence à la sentinelle. Le voisin de M. Guérin, M. Canelle de Villarzy, est aussi déclaré suspect en raison de ses relations bien connues d'amitié avec lui. On parle de violer sa maison, dont la cour ne doit être séparée que par un simple mur de celle de M. Guérin.

Ce dernier, appelé par ses fonctions au district, n'était pas chez lui. Une personne amie court le prévenir. Il demande à être conduit dans sa maison par deux membres de la municipalité. Il s'engage à prouver que les accusations portées contre lui sont abso-

[1] Cette maison est celle qui a été occupée de nos jours par le regrettable et regretté M. Robillard.

lument dénuées de tout fondement. On fait droit à sa requête. Malheureusement, c'est Beaucourt et quatre de ses affidés qui l'accompagnent. M. Guérin pénètre avec eux dans sa maison. On n'y trouve rien de suspect, si ce n'est de vieilles bandes et des rognures de papier brûlant dans la cheminée. Mais Beaucourt déclare qu'autant pour donner satisfaction au peuple que pour soustraire M. Guérin à ses fureurs, il convient d'arrêter ce dernier, et il insiste même pour que la servante, elle aussi, soit arrêtée.

Les prisonniers sont entraînés hors de la maison, et Beaucourt, monté sur une borne dans la rue, jure que s'il y a des coupables on saura les punir, et « qu'avant la fin du jour, le peuple aura reçu satisfaction [1]. »

Une heure après — vers midi — des misérables qui étaient allés chercher une potence, la dressaient devant la porte de l'infortuné directeur de la poste : des fédérés, des femmes, des forcenés, étrangers pour la plupart à la ville, hurlaient autour de cette potence, demandant les têtes de Carton, de M. Guérin, et aussi celle de M. de Villarzy, son ami.

[1] Journal de Delloye : *La feuille rémoise.*

Les deux premiers avaient été conduits à la prison située près de l'Hôtel-de-Ville, dans la rue qui fait face à la maison de M. Guérin ; et des curieux, des criards aussi, descendus des quartiers Saint-Maurice et Saint-Remi, affluaient sur la place des Marchés, dans la rue de Tambour, dans le Marc, de manière à rendre toute circulation à peu près impossible. Château, dont l'étalage de fripier faisait partie du Rang-Sacré, se faisait remarquer par sa violence et son exaspération. Les cris : *A mort ! à mort !* proférés par lui, étaient partout répétés. La place de l'Hôtel-de-Ville, où siégeait en ce moment la municipalité, la cour même de la maison de Ville, étaient obstruées; la foule vociférait et s'exaltait.

Ce fut alors qu'un officier de la garde nationale — mise, hélas ! dans l'impossibilité d'empêcher de pareilles violences et de s'opposer au désordre — pénétra brusquement dans la salle des délibérations, au moment même où Beaucourt rendait compte de sa visite chez M. Guérin.

Interpellé sur sa brusque intrusion dans la salle des séances, où personne n'a le droit de pénétrer, cet officier, qui déclare se nommer Mitteau et être établi boulanger en face

Saint-Jacques, s'écrie qu'il vient demander l'arrestation de l'aristocrate Montrosier, lequel est à Reims et a voulu le faire pendre à Lille, lorsqu'il servait sous ses ordres.

Le Comte de Montrosier avait, en effet, commandé pour le roi, à Lille. Il s'était uni, peu d'années auparavant, par les liens du mariage, à une honorable famille de Reims, celle de M. Florent Andrieux, qui était justement membre de la municipalité. Retiré à Reims, depuis les événements qui avaient si complétement modifié la face des choses, il attendait anxieusement et sans s'occuper de politique, l'issue d'une maladie cruelle, la petite vérole, dont était atteinte sa jeune femme.

Son beau-père, M. Andrieux, indigné de la demande d'arrestation qui vient d'être formulée par Mitteau contre son gendre, s'écrie: « que c'en est fait de la sécurité des personnes, si une pareille atteinte peut être portée à la liberté individuelle. » Il est à peine soutenu par quelques-uns des membres modérés du conseil. L'Assemblée cependant paraît hésiter.

« On agira sans vos ordres, s'écrie alors Mitteau, et je ne réponds pas des suites !..»

Il sort. Beaucourt prend la parole et dit qu'il ira lui-même chercher M. de Montrosier si le conseil y consent ; qu'il en répond, mais qu'il faut que cet aristocrate s'explique sur l'accusation portée contre lui par un officier de la garde nationale. Si son innocence est reconnue, il sera vite remis en liberté. C'est lui, le procureur de la Commune, qui se charge de le protéger, comme il a protégé le matin, le directeur des Postes.

L'Assemblée, sous le coup de l'effroi que lui inspire le terrible procureur, vote, à une faible majorité, l'arrestation de Montrosier.

Hélas! il est donc bien vrai que, dans de pareilles circonstances, les sentiments les plus vils du cœur de l'homme, la lâcheté, l'égoïsme, la peur surtout, prennent le dessus sur tous les autres! Les plus honnêtes alors manquent, eux aussi, de courage! Combien, dans les jours de révolution, la pusillanimité des uns ne favorise-t-elle pas l'audace et la méchanceté des autres?

Beaucourt se rend chez M. de Montrosier qui n'est pas chez lui. Sa servante, mue par un de ces sentiments instinctifs qui ne trompent pour ainsi dire pas les natures droites, déclare qu'elle ignore où il peut être. Elle le savait chez son beau-père, rue de Vesle, au chevet de sa jeune femme malade. On l'y découvre enfin. L'ancien lieutenant de roi demande des explications. Beaucourt décline son titre de procureur de la Commune et d'envoyé de la municipalité. M. de Montrosier, à qui sa conscience ne reproche rien et qui préoccupé seulement de la santé de sa femme n'est pas au fait des manifestations du matin, finit par se rendre, sans défiance, aux désirs du procureur de la Commune.

Ils arrivent sur la place de Ville.

« Qui mènes-tu là ? » demande un fédéré à Beaucourt.

« C'est un gueux que je conduis en prison,» répond le procureur de la Commune.

M. de Montrosier proteste. On lui a dit qu'il avait à se rendre devant la municipalité. Il n'entend pas se laisser conduire ailleurs.

« Vous voulez que je m'explique, dit-il ; que je sache du moins de quoi je suis accusé ?... »

Un rassemblement s'est vite formé, et Beaucourt a peine à fendre la foule. Toutefois il se sait entouré de ses sicaires.

Comme les murmures de la populace augmentent :

« Eh bien ! oui, s'écrie-t-il, c'est en prison qu'il faut me suivre ! »

Ils sont à deux pas de la prison. M. de Montrosier, malgré ses protestations, y est mené de force.

Beaucourt, sortant de cette prison, est acclamé par la foule. « Mort à Guérin ! Guérin à la lanterne ! » crient les misérables, qui tiennent avant tout à ce qu'on leur livre cette première victime. M. de Montrosier, en effet, n'est pas connu à Reims ; c'est beaucoup plutôt contre le malheureux directeur de la poste que leur fureur se tourne. C'est alors que, du premier degré de l'Hôtel-de-Ville, Beaucourt fait entendre cette odieuse parole rapportée dans le journal de Delloye : « Mes amis, vous voulez du sang, vous en aurez !... »

Beaucourt rentre dans la salle des délibérations. M. Andrieux, au comble de l'inquiétude, l'avait déjà quittée. Plusieurs de ses collègues s'étaient aussi retirés. La salle était envahie par ces hommes sinistres qu'on voit toujours au premier rang, les jours de révolution. Les uns avaient été amenés là par Mitteau ; les autres étaient aux gages du procureur de la Commune. Le Conseil se trouvait réduit aux seuls membres en permanence. Beaucourt les dominait tous.

Un chef de bataillon de la garde nationale — qu'on avait eu soin, je le répète, de rendre impuissante en la disséminant sur les remparts, — ayant voulu intervenir pour déclarer que l'ordre était troublé et qu'il fallait prendre des mesures immédiates, Beaucourt et Besançon lui répondirent : « que si on avait des instructions à lui donner, on savait où était son bataillon, et que sa place n'était pas à la Commune[1]. »

Sollicité par plusieurs citoyens, Beaucourt monta sur la table du bureau et s'écria que le peuple « avait à se venger. » Besançon, frappant avec fureur sur le même bureau, ajouta « qu'il y avait trop longtemps que le peuple était vexé, qu'il fallait se défaire des aristocrates, et que le jour de la vengeance était arrivé...[2] »

La foule commente et répète ces abominables paroles. La porte de la prison est bientôt forcée, on en tire le malheureux Guérin. On veut le traîner jusqu'à son domicile pour le pendre au poteau dressé devant sa maison. Mais d'infâmes assassins ne permettent même pas qu'on le conduise jusque-là. Un boucher, du nom de Martin, agitant un coutelas au-dessus de sa tête et retroussant ses manches de chemise, s'écrie que « c'est lui qui *étripera* Guérin le premier, et

[1] *Correspondance générale.*

[2] Ces paroles sont consignées dans les considérants du jugement de Thermidor.

qu'il a aiguisé son couteau tout exprès. » L'infortuné directeur des postes lui ayant dit : « Mais je suis innocent et j'espère une réparation ? » — « Toi innocent ! répond Martin, je te dis qu'avant une heure, je te travaillerai les tripes... » C'est alors qu'un nommé Chenu lui assène un violent coup de sabre qui lui sépare en quelque sorte la tête du tronc. Guérin tombe expirant. Son cadavre est foulé aux pieds. Un autre fédéré du nom de Leclerc, attache une corde au bas des deux jambes et le corps est traîné par la ville.

Un nommé Cenis-Souris, rencontrant le cadavre dans une rue voisine, lui ouvrit le ventre d'un coup de sabre. Plus tard, les nommés Dardart, Martin et Hazard, mirent le corps éventré sur une civière, et allèrent le porter devant la maison du sieur Guérin-Lioncourt, parent de la victime. Ils frappèrent à la porte avec violence, et montrèrent leur odieux trophée. Dès le matin, l'un de ces misérables s'était vanté, vers huit heures, que Guérin « aurait la tête à bas » à midi. Tous ces faits et ces dires ressortent de l'acte d'accusation du procès qui fut fait plus tard à ces monstres.

Bientôt après, le pauvre facteur Carton, qu'on avait fini par découvrir dans une autre partie de la prison, fut également tiré de cette dernière. On l'amena dans la salle même des délibérations de la maison commune. Le citoyen Boisseau, officier municipal, monta sur une chaise pour haranguer les furieux qui demandaient à grands cris la tête du prisonnier. Il affirma que « toutes les précautions étaient prises pour assurer sa punition, s'il était coupable. » Il alla même chercher Beaucourt qui pérorait dans la cour de l'Hôtel-de-Ville. Mais celui-ci se déroba à ses instances. En vain trois courageux citoyens, les nommés Lemaire, Lurette et Gervais — ce dernier officier municipal — protestèrent-ils contre les violences faites au malheureux Carton. Ni l'âge de ce jeune homme, ni l'obscurité de sa profession, ne le protégèrent contre les fureurs de ces cannibales. Entraîné sur les marches de l'Hôtel-de-Ville, ce fut là qu'il reçut un premier coup de sabre à la tête. Le procureur Beaucourt, amené pour ainsi dire de force par M. Gervais, suit ces forcenés. Il s'aperçoit que Carton a déjà reçu un premier coup et que le sang inonde sa figure. A ce moment seulement il paraît saisi d'un instant de pitié et s'interpose entre les assassins et la victime. M. Gervais profite de cette disposition, prend Carton dans ses bras et le transporte dans la chambre même du conseil. La foule rugit de nouveau et lui arrache des mains ce malheureux qu'elle entraîne et massacre sur le seuil même de la maison de Ville.

La tête est séparée du tronc. Souris et un nommé Alexandre portèrent cette tête au bout d'un manche à balai, à travers la ville. Ils pénétrèrent rue Dieu-Lumière, chez la femme Leloup, pour y boire de la bière, et versèrent de cette bière dans la bouche de cette tête, mise sur la table, à leurs côtés. Détail horrible ! Un individu leur ayant demandé un morceau de chair, un de la bande en coupa et le lui donna !... Alexandre, paraît-il, faisait voir à la femme Leloup la morsure que Carton lui avait faite à la jambe, au moment où il le massacrait.

Vers quatre heures, M. de Montrosier, qui n'avait pas été trouvé dans les cachots, parce que le directeur de la prison l'avait mis humainement dans sa chambre, et que d'ailleurs aucun ordre d'écrou n'existait contre lui, fut également découvert et contraint de se rendre à l'Hôtel-de-Ville. Un nommé Canart, capitaine de grenadiers, s'était présenté avec d'autres, armés comme lui de sabres et de pistolets, devant les membres du Conseil en permanence, et avaient demandé la comparution devant eux de cet aristocrate.

Ce fut Mitteau qui alla le chercher, lui disant qu'il venait de la part de la municipalité, qu'elle le mandait pour venir s'expliquer devant elle. L'infortuné hésitait. Mais, comme il ignorait les massacres de Guérin et de Carton ; comme il ne doutait pas, d'un autre côté, qu'on ne reconnût son innocence ; comme il songait à sa jeune femme mourante ; et comme il lui était permis de supposer que Beaucourt ne l'avait conduit en prison que pour le soustraire aux violences de la foule, il se décida à suivre Mitteau. Ce fut pour son malheur, car à peine avait-il fait quelques pas sur la place de Ville, tenu par le bras par Mitteau qui venait de lui donner sa parole qu'aucun mal ne lui serait fait, qu'il reçut un premier coup de sabre asséné par derrière. Immédiatement cinq ou six misérables s'acharnèrent sur son corps. Sa tête fut également coupée, mise au bout d'une pique, et promenée par la ville.

Dardart, l'un des accusés du procès de Thermidor, qui obtint, hélas ! un acquittement, aurait été vu, d'après l'accusation, promenant dans les faubourgs un sabre ensanglanté. Arrivé chez un sieur Goulin, pour se rafraîchir, il aurait dit : « Voilà ce que c'est que d'être patriote ! voilà le sabre qui a sacrifié Montrosier, et il en sacrifiera bien d'autres ; et toi tout le premier, » aurait-il ajouté, en se tournant vers un facteur du nom de Rominot, qui distribuait ses lettres. Puis il aurait forcé celui-ci, ainsi qu'un nommé Quinquet, à porter la tête de M. de Montrosier. Toujours au dire de l'accusation, la bande se serait rendue au domicile de la victime ; ne trouvant personne pour leur ouvrir la porte qu'ils essayèrent en vain d'enfoncer, ils eurent une pensée digne de véritables sauvages. Apprenant que la jeune femme du comte de Montrosier était malade chez son beau-père, M. Andrieux, ils se rendirent rue de Vesle, n° 9, dans la maison de ce dernier et parvinrent à s'en faire ouvrir les portes. S'étant fait désigner la chambre de la malade, ils apportèrent jusque sur son lit, la tête sanglante de son mari...

Hélas ! Dieu ne permit pas que cette malheureuse femme pût avoir conscience de cette horrible scène. En proie au délire et à toute la violence de la maladie, elle ne comprit rien à ce qui se passait. Sa famille lui cacha toujours, depuis, l'affreuse vérité. Revenue plus tard à la santé et morte à 85 ans, sous le nom de son second mari M. Le Goix, à une époque encore peu éloignée de nous, elle ne connut jamais ce détail navrant de la mort de son époux. Celui qui écrit ces lignes en sait quelque chose : madame de Montrosier était sa grand'tante !

Ces trois premières victimes étaient innocentes, est-il besoin de le dire ? Cependant une feuille du temps, *la Correspondance générale d'Europe*, dont la collection est à la bibliothèque de la ville, rapporte qu'après le massacre de Guérin, des citoyens s'étant transportés chez lui, y trouvèrent une lettre timbrée de Strasbourg, 15 sols de port, contenant un bordereau d'assignats envoyés à M. Clicquot-Muiron. L'écrivain de la *Correspondance générale* — qui, on l'a su depuis, était aux ordres de Beaucourt — ose dire : « Qu'on juge entre la droiture du peuple et celle de Guérin ! Nous n'avons qu'une chose à regretter, c'est que la punition n'ait point été plus exemplaire, c'est-à-dire ordonnée par la loi... »

Le fait en lui-même, si peu important soit-il, est controuvé par le jugement du tribunal criminel de la Marne.

Parlant de Carton, la même *Correspondance*, dont les tendances révolutionnaires sont ainsi facilement indiquées, dit : « Carton ne fut jamais patriote. Hélas ! trop souvent la nation a alimenté des hommes à qui il semble qu'elle n'ait donné d'autre mission que celle de la trahir. »

Mais nous ne sommes pas au bout de cette sanglante odyssée. Vers 6 heures — toujours le 3 septembre — les fédérés amenèrent sur la place de Ville deux prêtres vénérables, les abbés de la Condamine de Lescure, et de Vachères[1]. Ils s'étaient retirés, depuis la suppression du culte, à Montchenot, et y vivaient dans l'obscurité. C'est là qu'on était allé les chercher. A peine descendus de voiture, ils furent mis à mort, massacrés selon les uns, (les détails manquent sur leur genre de mort), fusillés selon *la Correspondance générale,* dont les assertions nous sont à bon droit suspectes[2].

Deux autres prêtres, les abbés Romain et Alexandre, avaient été aussi arrêtés dans la journée. Sur l'ordre de qui ? on ne sait. Leur mort était décidée.

En effet, vers sept heures, alors que la nuit presque venue semblait devoir au moins lasser la férocité des bourreaux, l'abbé Romain est le premier enlevé de sa prison. On le perce de coups de sabres et de piques. Horreur ! on a transporté des fagots et du menu

[1] M. de Lescure était, à Reims, le représentant de l'archevêque, le premier après lui, dans l'ordre hiérarchique. Il n'avait pas voulu émigrer.

[2] Dans l'acte d'accusation du procès de Thermidor, il est dit à la charge de l'accusé Fresne «que Lescure, montant les premières marches de l'Hôtel-de-Ville, Fresne le prit au collet pour le renverser, sans pouvoir y parvenir.

bois sur la place, on y met le feu, on jette dans ce brasier le corps palpitant du malheureux prêtre !

L'abbé Alexandre est amené à son tour. On le frappe. Son sang coule de vingt plaies. Les monstres qui s'ingénient à le torturer le poussent par trois fois dans les flammes. Ses efforts pour se dégager sont vains. Ses cris de douleur attendriraient des tigres. Ils ne suffisent pas à désarmer les monstres qui le martyrisent; il expire enfin au milieu de souffrances horribles [1].

A la seconde marche, un boucher fit inutilement encore la même tentative. A la troisième il fut renversé. On lui coupa la tête, ainsi qu'à l'abbé de Vachères.»

[1] La tradition veut que l'abbé Alexandre ait été appréhendé sous le costume de la garde nationale, dans laquelle il se serait fait enrôler. Nous n'osons l'affirmer.

Cependant les élections avaient eu lieu. Leur résultat était tel que l'attendaient les fédérés. Sous l'influence de la terreur qui s'était répandue dans la ville entière, Armonville avait été élu. Comment les choses s'étaient-elles passées ? Le voici.

La tête de Guérin avait été portée sanglante dans la Cathédrale, où les délégués du département se trouvaient réunis, nous l'avons dit déjà, pour nommer les députés à la Convention. Cette affreuse scène jeta le désordre le plus complet dans l'assemblée. Les uns s'enfuirent, d'autres, par peur, n'osèrent pas voter : « Qu'on nomme Armonville, avaient dit les fédérés, et le sang cessera de couler ! »

La moitié à peine des délégués du département prit part au vote, et les noms qui l'emportèrent furent ceux de Prieur, Thuriot, Charlier, Deville, Drouet, Lacroix de

Constant, Armonville et Battelier, tous noms sinistres, puisque nous les retrouvons figurant parmi ceux qui votèrent la mort du roi, au bas de ce qu'on n'a pas craint de nommer le jugement de Louis XVI ; — singulier jugement que celui qui fut prononcé à la majorité que chacun sait, par des juges ainsi élus[1] !

Lorsque le vote de Reims fut proclamé, des ménétriers, commandés à l'avance, vinrent prendre Armonville et le conduisirent triomphalement au club des Jacobins. C'était l'heure où les malheureux abbés de Lescure et de Vachères, Romain et Alexandre, étaient immolés de la façon cruelle et lâche que nous avons dite. Les rues de Reims étaient sillonnées en tous sens par des misérables criant à tue-tête : *Mort aux curés !* et portant autour de leurs chapeaux des inscriptions dans le genre de celles-ci : *Point de pitié ! A bas les aristocrates ! A mort les traitres !...*

[1] Tous ces hommes ont laissé une triste mémoire. Charlier, devenu fou, s'est tiré un coup de pistolet en 1797. Deville est mort dans la plus grande misère, abandonné de tous. Armonville et Battelier ont fini dans l'oubli. Thuriot est mort de chagrin d'avoir émis son vote régicide. Quant à Lacroix de Constant et à Drouet, ils ont, hélas, été nommés, l'un préfet de Marseille, l'autre sous-préfet de Ste-Ménehould, par Napoléon.

La nuit se passa dans une agitation facile à concevoir. Les cabarets, les lieux publics, regorgeaient de monde, et c'était à qui, dans cette foule ivre de sang et de vin, fière de son triomphe électoral, fière aussi de ses exploits, se vanterait d'avoir pris part aux massacres. Un fanatique, du nom de Louis Gentil, montrait un doigt de l'infortuné Guérin qu'il disait lui avoir coupé. Des témoins qui figurèrent au procès de Thermidor prétendirent que ce forcené, revenant de l'Hôtel-de-Ville, le soir, aurait dit : « J'en ai arrangé quatre. J'ai f.... ma pique dans les reins à l'abbé Lescure. Il criait comme une bête en étendant ses quatre membres comme un crapaud!... »

Fresne, tonnelier à Sermiers, était celui qui avait dénoncé les abbés de Lescure et de Vachères. Accompagné de Léo Leblanc et d'un nommé Jullien, vitrier, tous deux de Reims, ils étaient allés à Montchenot, avec une voiture, pour en ramener les deux prêtres. Les habitants de ce hameau, témoins de leurs vertus, ne les avaient pas laissés partir sans difficultés. Mais là aussi, la terreur et l'intimidation avaient prévalu!

On se demandera certainement comment les autorités, et surtout la garde nationale, n'avaient pas pris des mesures pour que la nuit au moins se passât sans désordre, et que la journée du lendemain ne vît plus se renouveler les mêmes crimes? Hélas! les autorités, dominées par Beaucourt, Besançon et quelques autres, étaient impuissantes à s'opposer au mal. Beaucourt n'était-il pas procureur de la Commune, et Bô, représentant du peuple, n'avait-il pas, comme je l'ai dit déjà, remplacé certains magistrats de la cité par de vils suppôts? Au dire de Delloye, rédacteur de la *Feuille rémoise*, plusieurs de ces misérables touchaient un écu par jour pour approuver et se taire. Sait-on jamais, dans les temps de révolution, en quelles mains tombe le pouvoir! La garde nationale, composée en partie d'honnêtes gens, était, elle aussi, comme toujours, remplie de trembleurs, et Beaucourt avait eu soin d'éloigner du centre de la ville tous les chefs modérés.

Le lendemain, 4 septembre, deux nouvelles victimes furent immolées, — sans parler du misérable Château qui paya de sa vie, deux jours après, la part prise par lui aux massacres, et qui fut mis à mort par la foule même à qui il venait encore de livrer deux prêtres.

Vers huit heures du matin, ce Château

dirigeait les assassins de la veille vers la demeure de l'abbé Paquot, curé de St-Jean; ils trouvèrent ce digne prêtre en prières et lui ordonnèrent de les suivre. On l'affubla d'un bonnet rouge et on le traîna par la ville, jusqu'à la maison commune. Là, on lui enjoignit de prêter serment à la constitution civile du clergé, et, sur son refus de le faire, on le menaça de mort.

« Plutôt mourir, mes amis, dit le saint prêtre. Si j'avais deux âmes, je vous en donnerais une, mais je garde la seule que j'aie pour Dieu...

— Eh bien! donc, à mort! » crièrent les forcenés.

Un membre de la municipalité, M. Duchesne, veut intervenir. Il s'écrie que la loi ne punit pas de mort les prêtres insermentés, mais les condamne seulement à la déportation. Sa voix n'est pas écoutée.

« Tu ne veux donc pas qu'on t'épargne? » s'écrie un des assassins, en s'adressant au vieux prêtre.

« Je donne mon âme à Dieu! » répète de nouveau l'abbé Paquot.

Aussitôt deux coups de sabre l'atteignent à la tête. Cette tête est bientôt séparée du tronc et promenée par la ville, au bout d'une pique.

« On réservait à son corps d'autres outrages, dit M. Lacatte-Joltrois, dans une *Notice* pleine d'intérêt publiée par lui sur les massacres de Reims, et dont nous avons pu contrôler l'exactitude, en la comparant aux pièces principales qu'il nous a été donné de compulser. Les meurtriers le traînent jusqu'à la maison qu'il avait habitée; là il n'est point d'horreurs auxquelles on ne se soit livré. Ses membres mis en pièces sont de nouveau promenés dans les rues de Reims. On finit par jeter dans un bourbier le tronc entièrement mutilé[1]. »

M. Lacatte, on le sait, avait été un des témoins oculaires des massacres.

Ce premier meurtre n'a pas satisfait l'infâme Château. Un vieux prêtre de 80 ans[2], l'abbé Sugny, ancien curé de Rilly, demeurait dans la même maison que lui. Souvent même il l'avait secouru. La veille encore, il lui avait donné une chemise que le malheu-

[1] Le chef de l'abbé Paquot est conservé religieusement à Reims, dans une famille pieuse.

[2] Le nom de cet infortuné prêtre était-il bien *Sugny ?* Nous retrouvons ce nom orthographié tantôt *Sugny*, tantôt *Suny*. Le registre des décès de la paroisse St-Pierre que nous reproduisons plus loin, porte *Sany* et ne lui donne que 77 ans. Les actes de la paroisse de Rilly, pourraient être facilement consultés à cet égard.

reux portait le 4 septembre. Château signale à ses complices la retraite de l'abbé Sugny. On l'arrache de sa chambre. Vers quatre heures, il est impitoyablement massacré.

Le désordre, à Reims, est alors à son comble. On parle de l'intervention probable d'un bataillon de Bretons qui vient d'arriver. Ils sont campés sur la place royale. Toutes les portes des maisons sont fermées, les volets aussi. C'est à qui ne sortira pas de chez soi. La terreur règne partout. Les fédérés ne se font pas faute de pénétrer de vive force dans les maisons et d'exiger de l'argent et des vivres.

Un nommé Vitry, tonnelier, est à la tête de ces bandes, le sabre nu à la main. Il se présente devant la boutique entr'ouverte du sieur Daspicq, marchand d'habits, et le somme d'avoir à le suivre. Sur son refus, il insulte sa femme qui était enceinte, et d'un affreux tour de moulinet menace de lui couper la tête avec son sabre. On saisit Daspicq, on l'entraîne. A quelques pas de la maison, Vitry quitte sa bande en s'écriant : « Marche, marche, Louis XVI, je vais te chercher la tête de ton Antoinette !... » Effectivement, il rentre dans la maison, prend la malheureuse femme au collet, lui fait pencher la tête et lève son sabre pour l'abattre. Deux voisins heureusement la protégent et retiennent le bras de l'assassin. Vitry abandonne sa victime et va rejoindre sa bande. Arrivé dans la salle des délibérations du conseil de la Commune, il demande l'arrestation de Daspicq qu'on y avait conduit. Sur un signe, Beaucourt prononce cette incarcération. Daspicq ne dut la vie qu'à un hasard heureux ou à une erreur du secrétaire de la Commune. L'ordre d'écrou était pour la prison Bonne-Semaine. On l'y conduisit par une des portes de derrière de l'hôtel-de-ville ; ceux qui l'avaient arrêté ne purent heureusement le suivre.

Toute la nuit du 4 au 5 se passa comme celle de la veille, en orgies. La plume se refuse à retracer certaines horreurs. Les massacreurs, attablés dans les bouges, furent vus se nourrissant de chair humaine qu'ils avaient fait rôtir ou griller ! «Une femme—dit M. Lacatte-Joltrois—poussa son incroyable férocité jusqu'à déchirer avec les dents le cœur palpitant du curé de St-Jean, et porta à ses enfants les restes de son exécrable festin. » Château, lui aussi, avait mangé de la chair des cadavres brûlés. Ces faits ne sont point exagérés. Ils ressortent de tous les témoignages recueillis, de l'acte d'accusation du procès de Thermidor et du procès lui-même, du journal de Delloye et des traditions locales.

Cependant Beaucourt, effrayé de la responsabilité terrible qui pèse sur lui, à titre de procureur de la Commune, Beaucourt qui avait bien voulu se servir des assassins pour satisfaire ses propres inimitiés, mais qui ne voulait pas se compromettre davantage, Beaucourt comprend, devant la réprobation générale de toute la population saine de Reims, devant l'indignation des officiers de la garde civique, qu'il doit faire un exemple et prouver qu'il ne pactise pas avec les assassins.

Sachant très-bien que Château parlera et témoignera contre lui, si un jour la lumière vient à se produire sur les massacres de Reims, il se décide à faire de ce misérable une sorte de victime expiatoire et à le livrer à la prétendue vindicte du peuple.

Il le fait arrêter dans la matinée du 6, et l'accuse publiquement d'être l'auteur du meurtre de l'abbé Sugny. Toute l'exaspération de la foule se tourne aussitôt contre Château. Lorsqu'il est amené devant le conseil de ville, elle l'a d'avance condamné. C'est à peine si on le laisse parler. L'assassin de la veille s'écrie que c'est à l'instigation de Beaucourt qu'il a agi, que Beaucourt lui a livré des listes de proscription ; sa voix se perd dans le tumulte général. Beaucourt sourit avec dédain.

« Laissez-moi faire des révélations ! » s'écrie Château. On ne l'écoute même pas. On se saisit de lui. On l'entraîne.

« Voilà donc, s'écrie à son tour le procureur de la Commune, le sanctuaire des lois qui va être encore ensanglanté ! »

Château, en effet, n'est pas même sur la place qu'on le massacre, qu'on lui coupe, à lui aussi la tête et qu'on traîne son cadavre sur la place du Marché-au-Blé où il est brûlé. Sa femme ne doit d'échapper aux assassins qu'à la protection des volontaires bretons arrivés de la veille [1]. Requis, en effet, de marcher contre les scélérats qui allaient précipiter cette malheureuse dans le bûcher même où brûlait son mari, les Bretons, qui attendaient l'heure de l'inspection sur la place Royale, n'hésitèrent pas à croiser la baïonnette contre ces brigands affolés et les dispersèrent.

Au dire de Delloye, on trouva dans la

[1] *La Correspondance d'Europe*, rédigée sans doute sous les auspices et d'après les indications de Beaucourt, insinue que cette femme dut la vie à son intervention et à celle de M. Duchesne, officier municipal. Il se peut qu'il ait donné l'ordre aux Bretons de marcher.

poche de Château, qui fut fouillé avant d'être précipité dans les flammes, une liste d'environ 300 des meilleurs citoyens de la ville que les sicaires devaient encore martyriser. Etait-ce la liste dont avait parlé l'assassin de l'abbé Sugny et que Beaucourt aurait dressée ?

Nul doute que la présence des volontaires bretons et l'énergie de leur chef, le commandant Blin, n'aient puissamment aidé à faire cesser les massacres.

Malheureusement, ce ne fut qu'après le 9 thermidor qu'on put poursuivre et surtout atteindre ceux qui y avaient pris part[1].

[1] Les noms, âge et qualités des victimes des massacres à Reims sont consignés dans la pièce suivante :

« Extrait du registre supplémentaire *à celui* de la pa-
» roisse de Saint-Pierre de Reims, dressé en l'an VII de
» la République, en exécution de la loi du 2 floréal an III
» et contenant les actes des personnes *péries* à Reims
» dans les journées de septembre 1792 :

3 septembre. — Jean-Baptiste Guérin, 50 ans, directeur de la poste aux lettres.
Henri Carton, 22 ans, commis à la poste.
Jean Romain, 38 ans, curé du Chesne.
Gérard Alexandre, 58 ans, chanoine de Saint-Symphorien.
Pierre de la Condamine, 61 ans, vicaire général.
Germain-Ignace de Redde de Blay de Montrosier, 61 ans, ancien militaire.
Gérard Vachères, 56 ans, chanoine de Reims.

Beaucourt notamment, désarmé le 30 germinal an III, avec quarante-cinq autres jacobins de Reims, dont plusieurs devaient comme lui comparaître devant la justice, parvint à se soustraire à la punition

4 septembre. — Jean SANY, 77 ans, curé de Rilly.
Etienne-Charles PAQUOT, 50 ans, curé de Saint-Jean de Reims.

» Aujourd'hui douze thermidor, an sept de la République française, en la chambre du Conseil de la Maison Commune et par-devant nous Raoul Dauphinot-Lajoie, Nicolas Lenierez, Claude-Joseph Jacquemet, membres de l'administration municipale de Reims, commissaires nommés par délibération du sept de ce mois, transcrite à la tête du présent pour l'exécution de la loi du 2 floréal an III,

» Sont comparus : la citoyenne Marie-Henriette Lamarche, âgée de 39 ans, veuve de Remacle Laurent, dit Château, dont va être parlé, à présent épouse du citoyen Denis-Charles Sarrazin, chapelier, demeurant à Reims, rue de Contrai, section du Temple ; le citoyen Eustache Férand, âgé de 23 ans, demeurant à Reims, rue Robin, section de la Réunion ; le citoyen Robert Rosquin, couverturier, âgé de 40 ans, demeurant à Reims, rue St-Jean, section des Droits de l'homme ; et le citoyen Jean Aubry-Viville, âgé de 48 ans, demeurant à Reims, rue de la Grosse-Ecritoire, section des Amis de la patrie,

» Qui nous ont unanimement déclaré qu'il est de leur connaissance que le citoyen REMACLE LAURENT, dit CHATEAU, âgé de 49 ans, sergier, demeurant à Reims, rue du Barbâtre, natif de Château-Porcien, fils de Jean Laurent et de Jeanne Dacy, et époux de Marie-Henriette Lamarche, est décédé à Reims, sur la place de la maison Commune, le 6 septembre 1792, à la suite des excès commis sur lui, lors des événements dudit jour et duquel décès il n'a été qui l'attendait. On n'instruisit pas même son procès. Trop de gens sans doute, parmi ceux qu'il aurait aussi fallu poursuivre, avaient été ses complices.

jusqu'à présent dressé aucun acte, sinon le procès-verbal du Conseil général de la Commune relatif auxdits événements; desquelles déclarations nous avons dressé le présent procès-verbal, ce qu'il appartiendra, ce que de raison, et que les comparants ont signé avec nous, lecture faite. » (*Suivent les signatures.*)

Il résulterait de cette pièce que Laurent, dit Château, était sergier et non pas fripier, et qu'il demeurait rue du Barbâtre et non pas au Rang-Sacré. Mais nous avons préféré maintenir les indications trouvées dans les documents consultés par nous. Il y est dit que le bûcher dans lequel on voulait jeter la femme de Château était dressé devant sa boutique, place du Marché. Ne pouvait-il pas demeurer rue du Barbâtre et avoir sa boutique au Rang-Sacré ? il pouvait même exercer simultanément la profession de sergier et de revendeur.

L'acte que nous venons de reproduire, dit encore que Château est mort sur la place de la maison commune. C'est là qu'il a été frappé en effet, mais son supplice n'a fini que sur la place du Marché, puisque c'est dans un bûcher allumé sur cette place qu'il a été brûlé.

Le tribunal criminel de la Marne, saisi de l'affaire des massacres de Reims, le 26 thermidor an III, fit comparaître à sa barre les accusés dont les noms suivent :

Joseph Leclerc, crieur de journaux à Reims.

Jean-Baptiste Cenis-Souris, brocanteur à Reims.

Léo Leblanc, cordonnier à Reims.

Jean-Baptiste Jullien, vitrier à Chamery.

Hippolyte Jacques, peigneur de laines à Cormicy.

Martin, boucher à Reims.

Etienne Hazart, tourneur à Reims.

Chenu, tisseur à Reims.

Noël Dardard, tonnelier à Reims.

Louis Gentil, tonnelier à Reims.

Gabriel Deheppe, cordonnier à Reims.

Louis Delarbre, tisseur à Reims.

P. Fresne, tonnelier à Sermiers.

Remacle Laurent, dit Château, ayant été massacré le 6 septembre 1792, ne pouvait figurer dans le procès, pas plus que Besançon, mort le 12 thermidor. Quant à Mitteau il avait disparu.

« Il y a félonie de soustraire Beaucourt à la justice », disait Delloye, dans sa *Feuille rémoise*. Ce Delloye était un comédien qui, dès les premiers jours de la Révolution, avait prévu la tournure qu'allaient prendre les choses et n'avait pas craint de publier une brochure qui fit grand bruit à Reims et intitulée : *Résistance à l'oppression*. Sa *Feuille rémoise*, dont le 1er numéro date du 4 avril 1795, dénote un certain courage. Il y donnait un signalement complet de Beaucourt.

« Beaucourt, disait-il, est né dans les environs d'Abbeville, à Rue, vers 1750. Son nom est Couplet. Il a 5 pieds 6 pouces, le teint brun et livide, cheveux noirs, sourcils épais, œil noir enfoncé, front couvert, nez long, dos voûté, allures communes, mine cafarde. Il penche la tête en marchant et se frotte les mains en parlant. Jambes minces et longues. Verbe doux et lent. On le dit ex-bénédictin, marié à une religieuse. »

Le tribunal criminel avait été réuni à

Châlons. Le jugement que nous avons sous les yeux, porte en effet ceci :

« Fait et rendu à Châlons-sur-Marne, le 26 thermidor, l'an III de la République française, une et indivisible, en l'audience du tribunal criminel où étaient présents :

» Raussin, juge dudit tribunal faisant les fonctions de président pour la vacance ;

» Claude Maret ; — Joseph Delalain ; — François Drouot, juges ;

» Lejeune, greffier. »

Le jury spécial était composé de :

Claude Duchatel, vigneron à Chigny ; — Pringaut-Desbergères, marchand à Troissy ; — Jacques Mallot, greffier à Hautvillers ; — Rousselot, marchand à Courgivaux ; — Pierre Pront-Dujardin, marchand à Epernay ; — Appert, marchand à Sezanne ; — Heurtevin, marchand à Fismes ; — H. Cordier, tailleur à Massime ; — Louis Frémon, propriétaire à Trépail ; — Fl. Chaboisseur, à Vitry-sur-Marne ; — P. Laurent-Largentier, notaire à Sézanne ; — Brunelle-Lelarge, épicier à Reims.

Le jury était réuni à la requête de Faciat, accusateur public, et autorisé à juger sans recours au tribunal de cassation, d'après la loi du 4 messidor, les crimes, meurtres et assassinats commis depuis le 1er septembre 1792.

L'acte d'accusation renferme, à propos de l'état des esprits à Reims, au moment des massacres, des considérations qu'il est bon de reproduire.

Il y est dit :

« Que cette fermentation (des esprits) était excitée par des gens qui ne respiraient que le trouble, le désordre et l'anarchie, pour pouvoir se débarrasser des hommes qui les offusquaient et s'emparer ensuite de leurs places et de leurs propriétés ; que, pour parvenir à leurs fins, ils abusaient de la crédulité d'un peuple bon, mais trop confiant, en lui persuadant qu'il était entouré de traîtres qui conspiraient sans cesse contre la liberté et qu'il était instant de s'en défaire, s'il ne voulait retomber sous le joug de la tyrannie ; qu'il existait une fermentation qui faisait appréhender qu'on se portât à des violences et à des excès envers les prêtres, les nobles et les citoyens aisés, qu'on affectait de désigner comme aristocrates, etc. »

Le jugement ne fut pas certes aussi sévère qu'il aurait dû l'être. Dans les temps troublés, le jour où la justice reparaît, elle craint, elle aussi, d'user de trop vives représailles. Plusieurs des accusés échappèrent à la vindicte publique. Martin, pour ne citer que celui-là, fut mis hors de cause pour les singuliers motifs que voici :

« Considérant, dit le jugement, que la loi n'établit que des peines strictement et évidemment nécessaires, et que nul ne peut être puni qu'en vertu d'une loi établie et promulguée antérieurement au délit et légalement appliquée, et qu'il n'existe au code pénal aucune peine répressive du délit imputé à Nicolas Martin, l'acquitte, etc. [1]

Joseph Leclerc et Cenis-Souris, furent les seuls que le tribunal criminel frappa d'un arrêt de mort. Ils furent exécutés, en chemises rouges, sur la place de la Couture, à Reims, le 1er fructidor (18 août), à 11 heures du matin. Leurs têtes furent montrées au peuple.

Leblanc et Jullien furent condamnés à 6 années de gêne (style du temps), et à quatre heures d'exposition qu'ils subirent sur la même place, à Reims « pour avoir — dit le jugement — attenté à la liberté de Lescure et de Vachères. »

Hippolyte Jacques fut condamné à 2 ans

[1] On se rappelle que Martin avait été vu agitant son couteau de boucher et menaçant le malheureux Guérin, au moment même où celui-ci allait être massacré.

de prison et à une amende de dix fois la valeur de ses contributions mobilières,

Les autres furent acquittés.

« On trouve à Châlons, dit Delloye, dans la *Feuille rémoise*, que le jugement des septembriseurs est léger. On murmure fort à Reims. J'aurais lieu de supposer que les témoins auront perdu la tramontane. Certaine pusillanimité égoïste est donc le caractère trop naturel à bien des gens. »

Ces quelques lignes se passent de tout commentaire. Les témoins, évidemment, n'avaient pas oser témoigner. Les vrais coupables n'étaient pas atteints. Le jury cependant « avait été aux opinions depuis trois heures après midi jusqu'à quatre heures du matin ; » — c'est encore Delloye qui le dit, et il ajoute : « Le public a paru étonné et peu satisfait de ce jugement ».

Nous le croyons sans peine.

Ces détails, nous le répétons, appartiennent à l'histoire, ils sont navrants. Nul doute qu'il y a peu d'années encore, le retour de pareilles abominations n'ait été jugé par tous impossible. Les mêmes causes, malheureusement, ramènent les mêmes effets et aussi les mêmes excès. Dieu veuille que notre pays — et surtout notre ville — ne revoient plus de jours pareils.

C'est notre vœu le plus ardent.

Notre conviction est-elle bien qu'il en sera ainsi? Nous n'osons le dire!

L'AUTEUR.

REIMS, IMPRIMERIE DE V. GEOFFROY ET Cie.

www.ingramcontent.com/pod-product-compliance
Ingram Content Group UK Ltd.
Pitfield, Milton Keynes, MK11 3LW, UK
UKHW020409220726
13923UKWH00004B/1831

9 782019 221492